**Bibliografische Information der Deutschen Nationalbibliothek:**

Die Deutsche Bibliothek verzeichnet diese Publikation in der Deutschen National-
bibliografie; detaillierte bibliografische Daten sind im Internet über http://dnb.d-
nb.de/ abrufbar.

**Impressum:**

Copyright © 2006 GRIN Verlag, Open Publishing GmbH
Druck und Bindung: Books on Demand GmbH, Norderstedt Germany
ISBN: 9783656479048

**Dieses Buch bei GRIN:**

http://www.grin.com/de/e-book/74152/eingangsrechnungen-sachlich-und-rechne-
risch-pruefen-differenzen-klaeren

**Silke Lübbert**

# Eingangsrechnungen sachlich und rechnerisch prüfen, Differenzen klären (Unterweisung Bürokaufmann / -kauffrau)

GRIN Verlag

## GRIN - Your knowledge has value

Der GRIN Verlag publiziert seit 1998 wissenschaftliche Arbeiten von Studenten, Hochschullehrern und anderen Akademikern als eBook und gedrucktes Buch. Die Verlagswebsite www.grin.com ist die ideale Plattform zur Veröffentlichung von Hausarbeiten, Abschlussarbeiten, wissenschaftlichen Aufsätzen, Dissertationen und Fachbüchern.

## Besuchen Sie uns im Internet:

http://www.grin.com/

http://www.facebook.com/grincom

http://www.twitter.com/grin_com

**UNIVERSITÄT PADERBORN**
*Die Universität der Informationsgesellschaft*

Sommeruniversität Paderborn

2006

ADA⁺- Kurs

18- 22. September 2006

## Unterweisungsprobe im Rahmen der Ausbilder – Eignungsprüfung

Thema:                    Eingangsrechnungen      sachlich      und
                          rechnerisch prüfen; Differenzen klären

Ausbildungsberuf:         Bürokaufmann/-frau

Ausbildungsstand:         9.- 11. Monat des ersten Ausbildungsjahres

Rahmenplan:               Auftrags- und Rechnungsbearbeitung (§ 3 Nr.
                          8.1 c)

# Inhaltsverzeichnis

# 1 Lehr- und Lernvoraussetzungen

## *1.1 Kennzeichen der Gruppe*

Die beiden Auszubildenden A und B, die in der Unterweisungsprobe angewiesen werden, haben den Realschulabschluss erfolgreich abgelegt. Danach haben sie sich für eine Ausbildung im kaufmännischen Bereich entschieden, da sie dort ihre persönlichen Interessen gesehen haben. Beiden Auszubildenden macht die Ausbildung viel Spaß. Sie sind aufgeschlossen und stets daran interessiert neue Tätigkeiten auszuüben. Sie befinden sich im letzen Drittels des ersten Lehrjahres, haben also schon einige Abteilungen durchlaufen und sind demzufolge mit den Abläufen im Büro vertraut.

## *1.2 Situative Voraussetzungen*

Die Unterweisungsprobe findet am Freitag den 22. September 2006 um 13:30 in der Universität Paderborn im Rahmen der Sommeruniversität statt. Der Seminarraum ist für die Unterweisung ausreichend ausgestattet: Ein Overhead-Projektor und Flipcharts stehen zur Verfügung. Des Weiteren ist ein Tisch vorhanden, an dem die Auszubildenden in Einzel- sowie in Partnerarbeit tätig werden können.

## 2 Einordnung und Begründung des Unterweisungsthemas

Das Thema der Unterweisung, die sachliche und rechnerische Prüfung von Eingangsrechnungen sowie das Klären von eventuell auftretenden Differenzen, ist im Ausbildungsrahmenplan für den Ausbildungsberuf *Bürokaufmann/ -frau* im Themenblock *Auftrags und Rechnungsbearbeitung* unter § 3 Nr. 8.1. c zu finden.
Die Auszubildenden sollen lernen, eine Rechnungsprüfung kompetent durchzuführen.

Im Rahmen der Unterweisung sollen die Auszubildenden erkennen, welche Bestandteile einer Eingangsrechnung fehlerhaftet sein können und in der Rechnungsprüfung beachtet werden müssen.

Beide Auszubildende arbeiten seit einigen Wochen im Einkauf und haben in dieser Zeit Kontakt mit der Bestellung von Materialien sowie deren Lieferung gehabt. Nach Bestellung und Lieferung erfolgt der Eingang der Rechnungen sowie der Umgang mit diesen Dokumenten. Die Beabreitung der Dokumente steht in dieser Unterweisung im Vordergrund. Im Anschluss an diese Lerneinheit sollen die Auszubildenden erlernen, wie sie bei entsprechenden auftretenden sachlichen Fehlern in der Rechnung mit dem Lieferanten in Kontakt treten, um diese zu klären.

## 3 Angestrebte Lernziele und Kompetenzen

### 3.1 Lernziele der Unterweisung

Nach Abschluss der Unterweisung sollen die Auszubildenden in der Lage sein, selbständig die im Unternehmen eingehenden Rechnungen in sachlicher und rechnerischer Form zu überprüfen. Zudem sollen sie in der Lage sein, eventuell auftretende Differenzen, die sich aus offensichtlich sachlichen oder rechnerischen Mängeln ergeben, zu erkennen und rechnerische Differenzen zu beheben.

### 3.2 Lernziele zur Förderung der Fachkompetenz

Die Auszubildenden sollen…

- den Zusammenhang zwischen Rechnung und Lieferschein erkennen,
- die Bestandteile der Rechnungsprüfung kennen und durchführen,
- eventuell auftretende Differenzen einer Rechnung erkennen,
- rechnerische Differenzen korrigieren.

### 3.3 Lernziele zur Förderung der Methodenkompetenz

Die Auszubildenden sollen…

- die Kreativitätstechnik des Brainstormings anwenden,
- die Rechnungsprüfung selbstständig durchführen.

### 3.4 Lernziele zur Förderung der Sozialkompetenz

Die Auszubildenden sollen...

- die Ideen anderer aufnehmen und tolerieren,
- andere Gesprächspartner ausreden lassen,
- kooperativ arbeiten.

## 4 Methodisches Vorgehen

Ich habe einen Methoden-Mix aus Brainstorming und der Vier-Stufen-Methode gewählt. Während des Brainstormings sollen die Auszubildenden zunächst spontan die Bestandteile einer Rechnung nennen, die sie für fehleranfällig und deshalb im Rahmen der Rechnungsprüfung wichtig erachten. Diese werden gegebenenfalls ergänzt.

Im Rahmen der Vier-Stufen-Methode wird den Auszubildenden zunächst die sachliche und rechnerische Rechnungsprüfung am Overhead Projektor demonstriert und erklärt. Im Anschluss an diese Demonstration bekommt jeder Auszubildende die Aufgabe, eine Rechnung selbständig auf sachliche und rechnerische Korrektheit zu überprüfen. Nach der Prüfung der Rechnung sollen die Auszubildenden gemeinsam einen kurzen Test zu den Bestandteilen der Rechnungsprüfung lösen, um das Gelernte erneut zu sichern und sich selbst zu kontrollieren.

# 5 Verlaufsplan

| Phase | Inhalt/ Handlungsschritte | Methode/ Sozialform | Material/ Medien | Zeit (min) |
|---|---|---|---|---|
| Einstieg/ Motivation | • Begrüßung<br>• Nennen und Einordnen des Themas | • Kurzvortrag | • keine | 1 |
| Einleitung | • Beantwortung der Frage: „Welche Bestandteile einer Eingangsrechnung müssen geprüft werden?" | • Brainstorming | • Flipchart | 3 |
| Vormachen | • Demonstrieren<br>• Rechnungsprüfung<br>• Erläuterung und Information | • Vormachen<br>• Erklären | • Musterrechnung und Lieferschein auf Folie | 3 |
| Nachmachen | • Rechnungsprüfung durch die Auszubildenden | • Nachmachen<br>• Einzelarbeit | • Jeweils eine Musterrechnung und ein Musterlieferschein | 5 |
| Lernerfolgs- sicherung | • Test (bei ausreichender Zeit) | • Partnerarbeit | • Test | 2 |
| Ausblick | • Lob oder Kritik<br>• Ausblick auf die Klärung der sachlichen Differenzen mit dem Lieferanten | • Kurzvortrag | • Handout | 1 |

# 6 Anhang

## A Wissensüberprüfung Rechnungsprüfung

**Welche dieser Arbeitsschritte gehören zu einer ordentlichen sachlichen und rechnerischen Rechnungsprüfung?**

**Bitte kreuzt an!**

- o Abgleich der gelieferten und zu bezahlenden Mengen

- o Anbringen des Vermerks „Bezahlt"

- o Anbringen des Vermerks „sachlich und rechnerisch richtig"

- o Kopie der Rechnung an die Finanzbuchhaltung

- o Prüfung der Gesamtbeträge je Artikel

- o Berechnung des gewährten Rabattes

- o Geprüfte Rechnung an die Finanzbuchhaltung

- o Überprüfen der ausgewiesenen Gesamtsumme

- o Überprüfen des Mehrwertsteuersatzes

- o Unterschrift / Namenskürzel

- o Überprüfen des Mehrwertsteuerbetrages

- o Korrektur der falschen Beträge

- o Korrektur der falschen Mengen

## B Handout

## Bestandteile der sachlichen und rechnerischen Rechnungsprüfung

Sachliche Überprüfung der…

- Übereinstimmung der zu bezahlenden Artikeln mit den auf dem Lieferschein vermerkten (Artikelnummern und Bezeichnung)
- Übereinstimmung der Menge der gelieferten und zu bezahlenden Artikeln

Rechnerische Überprüfung von…

- Produkt aus Menge und Einzelpreis
- Zwischensumme
- Eventuell gewährten Rabattsummen
- Mehrwertsteuerbetrag (nicht den Mehrwertsteuersatz, dieser ist festgelegt)
- Gesamtbetrag

⇨ Bei erfolgter Prüfung und festgestellter Korrektheit:
  - Vermerk der durchgeführten sachlichen und rechnerischen Rechnungsprüfung
    „sachlich und rechnerisch richtig" plus Namenskürzel /Unterschrift
  - Weitergabe an die Finanzbuchhaltung zum Buchen der Rechnung

⇨ Bei erfolgter Prüfung und festgestellten Differenzen
  - Versuch die Differenzen zu klären
    - Bei Rechenfehlern ⇨ falsche Beträge berichtigen und Kopie der Rechnung an Lieferanten faxen, danach wie gewohnt weiter verfahren
    - Bei Mengendifferenzen ⇨ mit dem Lieferanten klären (nächste Einheit)